LETTRE AUX ÉLECTEURS

PAR

DE MARCÈRE

DÉPUTÉ DU NORD

LETTRE AUX ÉLECTEURS

PAR

DE MARCÈRE

DÉPUTÉ DU NORD

MESSIEURS,

Plusieurs d'entre vous m'ont exprimé le désir de connaître mon opinion sur la fusion monarchique et sur les événements que l'on paraît préparer dans certaines régions politiques. Cette préoccupation du corps électoral est légitime, et je crois devoir m'y conformer en vous exposant mes idées à ce sujet.

Une solution quelconque est proche en effet. Vous l'avez souvent appelée de vos vœux : il était dans la nature des choses qu'elle intervînt aussitôt après que la France aurait été rendue à elle-même par la libération de son territoire ; les événements récents, et jusqu'aux efforts de ceux qui naguères la redoutaient si visiblement, la rendent inévitable. Il est juste que vous sachiez à laquelle je compte me rattacher.

Trois issues se présentaient et apparaissent clairement aujourd'hui à la situation étrange que les circonstances avaient, en février 1871, créées à la France, situation que l'on peut caractériser ainsi: une Assemblée souveraine sans mandat limité ni quant à sa durée, ni quant à sa puissance, et un Gouvernement légal mais non organisé constitutionnellement ni définitivement adopté.

Cette situation était périlleuse parce qu'en entretenant les compétitions, les espérances, les illusions surtout des partisans de tous les régimes politiques, elle contribuait à reconstituer les partis dans un moment où le salut du pays eût exigé une entière union, alors que la concorde eût été plus que jamais nécessaire, la concorde si longtemps bannie, et sans laquelle le pays ne se relèvera pas de ses ruines.

Quelles inquiétudes dans les esprits, quels troubles dans les affaires, quelles difficultés apportées à l'essai loyal de la République n'a pas entraînés cet état de choses ! Vous le savez. Aussi devait-il cesser au plus tôt. C'est ce que M. Thiers avait compris lorsqu'il proposa à l'Assemblée d'organiser définitivement la République.

Telle était, en effet, la première solution possible : l'organisation du Gouvernement républicain par l'Assemblée actuelle, suivie d'élections qui auraient eu pour résultat de mettre en mouvement et de faire fonctionner les institutions.

La seconde solution, réclamée par beaucoup d'hommes politiques, consistait dans des élections générales qui eussent donné naissance à une nouvelle Assemblée constituante.

La coalition monarchique en offre une troisième qui consiste dans la proclamation par l'Assemblée nationale de la monarchie Bourbonnienne.

C'est à l'examen rapide de ces trois solutions que je dois me livrer.

I.

Dès le mois de février 1871, lorsque j'eus l'honneur de solliciter vos suffrages, je vous fis connaître mon sentiment sur la forme de Gouvernement qui, selon moi, convenait à la France. La connaissance de l'état de notre société, vous disais-je, jointe à l'étude de notre histoire, m'a amené à la conviction que désormais la République seule peut maintenir l'ordre, supporter la liberté, relever le pays de ses désastres et nous préserver de nouvelles révolutions. Voulais-je dire par là que la République avait en elle une vertu propre qui en fît un régime idéal sous lequel les hommes, sans se donner de peine, seraient parfaitement heureux ? Non, en vérité. Il n'est pas de Gouvernement qui, pour remplir sa fonction et pour procurer au pays les bienfaits qu'il lui doit, n'ait besoin de l'esprit de sagesse et de la bonne volonté de tous les bons citoyens. Cela est surtout vrai pour une nation divisée comme est la nôtre, et qui périra infailliblement si nous ne parvenons pas à faire cesser nos discordes.

Mais je disais que dans une nation démocratique pénétrée des principes de la Révolution de 89, et pour laquelle l'idée de sa souveraineté effective est un dogme, il n'y a plus de place pour un régime monarchique : car les principes essentiels de la monarchie et particulièrement le principe de l'hérédité dans le pouvoir, d'où découle nécessairement la formation d'une classe plus spécialement rattachée aux intérêts du trône, sont en contradiction flagrante avec les vérités fondamentales sur lesquelles la société française est constituée et veut vivre.

Je ne veux point renouveler ici la démonstration par laquelle j'affirmais mes préférences pour la République. Il me suffit de dire que les faits ont confirmé ma démonstration. Oui, quoiqu'en puissent dire les diffamateurs intéressés du gouvernement de M. Thiers, au milieu des plus terribles commotions qu'un peuple ait peut-être jamais subies, dans un état de chaos et de misère dont le seul souvenir fait frémir ceux qui ont vu ces choses de près, l'ordre a triomphé ; les lois ont été obéies ; la liberté individuelle et politique a été respectée ; nos finances ont été restaurées ; notre crédit s'est relevé ; l'administration a fait son œuvre ; et la paix publique, ce bien précieux, la paix publique a été maintenue malgré les agitations des partis. Et n'est-ce pas un spectacle plein d'enseignements que de voir aujourd'hui un Gouvernement composé d'hommes hostiles à la République fournir lui-même la preuve des avantages qu'offre, pour l'ordre public, le caractère impersonnel de ce régime, puisque, malgré les provocations que les partis surexcités par l'imminence d'une solution portent à la tranquillité du pays, ce gouvernement n'a même pas d'efforts à faire pour maintenir sur tous les points l'ordre que quelques cris poussés dans les rues troublent à peine ?

J'affirme, comme une vérité hors de doute, qu'il n'y a pas de régime monarchique constitutionnel, quel qu'il fût, traditionnel ou électif, qui eût pu triompher des mêmes difficultés, et mettre au service de l'ordre et des principes sociaux autant d'énergie, de vigueur et je dirai presque d'impassibilité dans la volonté qu'a pu le faire la République.

J'ajoute, avec la même certitude, que si l'exemple donné de haut avait été imité dans toutes les sphères sociales ; si

on avait suivi, à tous les degrés et dans toutes les circonstances, une politique d'apaisement et de conciliation, au lieu
de la politique de défi, de résistance et d'injustice que les
conservateurs attitrés ont adoptée dans leur conduite
habituelle, on aurait pu réaliser, non dans un jour assuré-
ment, mais avec le temps, sans lequel on ne fait rien, le
règne de la paix intérieure, à la faveur de laquelle tous les
intérêts pouvaient obtenir la satisfaction légitime qu'ils
réclament.

II.

Mais le radicalisme ! Voilà un mot, pour me servir de
l'expression de Molière, qui en dit plus qu'il n'est gros.
C'est avec ce mot que l'on adjure les conservateurs de se
détourner de la République.

Pour qu'un mot ait une telle vertu, il faut qu'il ait une
signification bien terrible ; il faut que le régime politique
qu'il désigne soit inconciliable avec ce que les honnêtes
gens ont le droit de réclamer pour leur sauvegarde, et le
devoir de respecter comme étant la sauvegarde d'autrui.
Puisque ce mot joue un si grand rôle dans la polémique du
jour, il est bon de s'entendre sur le sens qu'il a.

III.

Si ce mot est simplement une injure adressée par des
adversaires politiques à des gens qui ne pensent pas comme
eux, ce n'est pas assez pour faire impression sur des
hommes sages qui, d'ailleurs, par l'expérience de nos
soixante ans de révolutions, savent à quoi s'en tenir sur les
vertus civiques des partis qui ont successivement dominé
dans notre pays.

Si l'on veut désigner par là un homme, cet homme, fût-il
doublé de la puissance d'un tribun éloquent, n'est pas pour
troubler la cervelle d'une nation entière ayant le sentiment
de sa force, et la résolution de se maintenir dans la possession de tous ses droits.

Si l'on entend dénoncer à l'animadversion publique un
régime politique, il ne peut s'agir que de la République. Je
conviens que sur l'organisation de ce Gouvernement on
peut avoir des opinions diverses, comme on peut différer,
parmi les royalistes, sur l'organisation de la meilleure des

Monarchies. Mais ceux qu'on nomme *les radicaux* ne sauraient concevoir un Gouvernement qui n'aurait pas : premièrement, les attributs essentiels d'un Gouvernement, c'est-à-dire un pouvoir exécutif, un pouvoir législatif et un pouvoir judiciaire ; secondement, les moyens d'action de tout Gouvernement, c'est-à-dire une diplomatie, une armée, une administration.

Quant à la formation, à l'agencement et au mode spécial de ces diverses institutions qui embrassent le Gouvernement tout entier, il peut se faire que quelques individualités excentriques aient, à cet égard, des idées étranges et fantasques, comme tout ce qui s'écarte de la nature des choses et de l'expérience des siècles ; mais ils ne seront pas seuls apparemment à faire la constitution ; et la nation tout entière aura son mot à dire sur ces matières par l'organe de ses représentants. On accordera peut-être que la nation n'ira pas chercher tous ses représentants à Charenton, et qu'elle les choisira, en général, parmi les hommes d'expérience et de savoir — non pas sans doute d'autant d'expérience et de savoir que le sont les coalisés du 24 mai — mais enfin parmi les hommes à peu près capables de fonder des institutions raisonnables.

IV.

Mais non, on prétend caractériser, par le mot *Radicalisme*, un ensemble de doctrines peu définies et de tendances présumées qu'on ne précise pas, qui se comprennent vaguement mais résolûment, comme quelque chose de contraire à *l'ordre moral*. Ces tendances et ces doctrines seraient inhérentes à toute démocratie, à moins sans doute que cette démocratie ne soit gouvernée par un roi, et — cela va sans dire — par les classes particulièrement et naturellement propres à cet emploi.

Si mal formulée que soit cette interprétation, elle contient une part de vérité : le point est de savoir si le remède à ce mal si incomplétement défini est dans la Monarchie.

Que les Démocraties ne soient pas sans défaut, hélas ! il n'est que trop vrai. Je ne connais pas de société, organisée de quelque façon que ce soit, qui échappe à cette infirmité tout humaine. Signaler les vices et les travers particuliers des Démocraties serait facile. Il peut être utile de les montrer, de les grossir même aux yeux d'une nation pour essayer de l'en corriger, comme les Spartiates cherchaient à éloigner leurs enfants du vice de l'ivresse en leur montrant des gens ivres. Mais il ne me semble pas très-patriotique de démontrer chaque matin à ses concitoyens qu'ils sont tombés dans un mal incurable, et que, pour avoir voulu se rendre égaux, ils sont à peine aujourd'hui des hommes.

Sans aucun doute, ces doctrines, ces tendances, tant qu'elles restent à l'état spéculatif, sont répréhensibles comme le sont toutes les mauvaises directions de l'esprit et les mauvais penchants du cœur ; comme le seraient, par exemple, le mépris superbe des croyances générales, l'esprit de révolte, l'impatience de toute autorité, l'envie et l'ambition. Mais croit-on qu'elles soient spéciales à un état social déterminé, à la Démocratie plutôt qu'à toute autre société ? Est-ce que jamais on vit une nation qui en ait été exempte ? Est-ce qu'elles ne sont pas au fond de l'âme humaine ? Est-ce qu'enfin elles n'ont pas été, à toutes les époques de transformation sociale, surexcitées et poussées en quelque sorte à se traduire en actes violents par les vices contraires, par l'abus du pouvoir, par la brutalité de la puissance, par le mépris du faible, par l'orgueil des grands ? Tant que ces luttes, nées des passions des hommes, se maintiennent dans la sphère intellectuelle des spéculations, on a quelque peine à apercevoir en quoi la Monarchie serait plus en état que la République de traiter cette maladie, à moins qu'on ne prétende que, sous un régime monarchique, le domaine de la morale et de la conscience doive être soumis au pouvoir séculier. Ce ne serait pas ce genre de mérite qui augmenterait le nombre de ses partisans.

Toutefois je conviens que, dans un État démocratique, les passions sont plus facilement excitables, que les instincts sont moins retenus, que l'on y passe plus aisément de l'idée au fait, et que les sentiments dévoyés d'une foule égarée peuvent se traduire en actes de révolte contre les lois, où en actes d'agression contre les droits et contre les intérêts d'autrui. Je consens à ne compter ni les émeutes ni les insurrections, ni les grèves, ni les attaques collectives contre les propriétés qui ont troublé les états monarchiques. Mais où donc a-t-on vu que dans une République il n'y a ni lois, ni tribunaux, ni force armée, ni des pouvoirs capables d'employer ces moyens de protection dont la société a besoin ? M. Thiers l'a bien montré pendant son passage aux affaires. La Commune de Paris a senti la force d'un pouvoir armé et résolu : les perturbateurs de l'ordre, qu'ils aient tenté leurs criminels efforts à Limoges, à Saint-Etienne, à Marseille ou dans les Charbonnages du Nord, ont pu apprendre, à leur grand dommage et au grand profit de la société, le respect de la loi et le danger qu'il y a, même sous la République, à menacer les intérêts d'autrui.

Depuis que j'ai l'honneur de siéger dans une Assemblée, je ne connais pas d'homme politique, à quelque parti qu'il appartienne, qui ne revendique pour le Gouvernement le droit de commander et de se faire obéir. Qu'un philosophe comme Proudhon ait célébré les avantages de l'anarchie, en donnant toutefois à ce mot un sens particulier sur lequel il faudrait s'entendre, soit ; mais il n'y a pas d'homme de Gouvernement qui ne veuille un Gouvernement, c'est-à-dire des lois, des magistrats et une force publique. On ne saurait, sans se faire tort, imputer aux républicains de ne vouloir pas de Gouvernement. Il faut un peu de bon sens même dans l'injustice, sous peine de voir l'injustice se retourner contre soi-même. C'est ce que disait un héros de la Fronde, qui avait pu, lui aussi, juger les partis aux prises — et pourtant c'était sous la Monarchie, même non constitutionnelle — le cardinal de Retz disait : « En fait de calomnie, tout ce qui ne nuit pas sert à celui qui est attaqué. »

V.

Au fond, ce qui, dans un régime républicain, peut être redouté sous le nom de radicalisme, c'est l'exagération des principes démocratiques. Ce mal est d'ailleurs propre à tous les régimes politiques, car on a pu dire d'eux tous, avec vérité, qu'ils ont péri par l'exagération de leur principe.

Le gouvernement de la Restauration reposait sur les hautes classes de la société, et sur son intime union avec le clergé : c'est par l'exagération de ce principe qu'il est tombé ; c'est par ce côté que les classes moyennes l'ont fait sombrer en 1830. Le Gouvernement de Juillet reposait sur la classe moyenne : c'est par l'exagération de ce principe, en résistant à toute réforme électorale qui eût donné aux classes exclues accès au pouvoir, qu'il est tombé. Au fond, toutes ces révolutions ont été des luttes d'intérêts — je comprends dans ce mot les intérêts moraux de l'ordre le plus élevé, tels que ceux qui touchent à la politique générale du pays. Et dans toutes ces luttes on a vu aux prises des hommes au pouvoir défendant, au-delà de toute justice, leur puissance contre des hommes qui prétendaient la partager.

Aujourd'hui nous voyons en présence les mêmes prétentions sous deux mots nouveaux, *l'ordre moral* et le *radicalisme*. Les aveux abondent, et font ressortir cette situation avec une clarté saisissante. Je n'en relève que quelques-uns des plus autorisés.

Dès le début de la lutte ouverte contre la République par la coalition du 24 mai, dans son rapport présenté au nom de la Commission chargée de répondre au message de M. Thiers, M. Batbie disait : « Loin d'être un parti, à nos yeux, » le radicalisme est l'adversaire de tous les partis respec- » tables. » Pendant la discussion qui suivit ce rapport, dans la séance du 29 novembre, M. Ernoul disait de son côté : le pays voit « le flot de la barbarie qui monte. » Plus tard, dans la discussion qui eut lieu le 14 décembre sur le rapport des pétitions réclamant la dissolution, M. le duc d'Audiffret-Pasquier disait des radicaux « ils ne connaissent que la loi du nombre. » Enfin M. le duc de Broglie, dans la séance du 24 mai disait : « Aux yeux des signataires (de l'interpellation) » la gravité de la situation se résumait en ceci : la possibi- » lité révélée par les dernières élections de voir arriver, » dans un délai plus ou moins prochain, le parti radical à » la tête des affaires par la voie du suffrage universel tel » qu'il est organisé aujourd'hui. »

L'adversaire de tous les partis respectables; le flot qui monte; la loi du nombre ; l'accès du pouvoir ouvert au parti radical par le suffrage universel : voilà ce que répudient les coalisés monarchistes qui s'intitulent modestement les classes gouvernantes. Voilà ce que peut en effet la démocratie. Voilà son droit, mais voilà aussi son danger.

Oui, de tous les rangs on a le droit de s'élever jusqu'au maniement des affaires publiques en méritant les suffrages de ses concitoyens. Tel est le principe sur lequel le régime républicain repose. Le péril de ce régime est aussi dans l'exagération de son principe; car l'exagération de ce principe peut conduire jusqu'au sacrifice des intérêts de certaines classes et jusqu'à l'exclusivisme contre certaines catégories de citoyens. Cette tendance est le péril des démocraties, et on doit la désigner, non sous une appellation de fantaisie comme le *radicalisme*, à la haine des anciennes classes gouvernantes, mais on doit la signaler à la sérieuse attention des bons citoyens sous son vrai nom, qui est le mépris du droit de tous et l'esprit d'exclusivisme.

Certes, si la démocratie française était assez mal inspirée
par ses propres instincts, ou assez mal dirigée par les
hommes qui ont pris de l'influence sur elle, pour se laisser
aller à ce penchant funeste, elle ne mériterait pas de vivre
libre sous l'égide d'institutions libérales. Et au surplus les
intérêts blessés et les droits violés ou méconnus se retour-
neraient promptement contre la loi du nombre brutalement
et injustement pratiquée : ce serait dans le droit de la force
qu'ils chercheraient un refuge.

VI.

La société française peut éviter encore ce double danger,
mais ce n'est qu'en elle seule qu'elle trouvera un préser-
vatif.

Il faut que les citoyens, à quelque rang qu'ils appartiennent,
acceptent sincèrement les conditions de l'état démocratique,
et, qu'au lieu de lutter pour la possession exclusive des
avantages sociaux que cet état procure, ils prennent de
bonne grâce leur parti d'entrer en partage avec ce que les
chefs de la *ligue des gens de bien* appellent un peu dédai-
gneusement le nombre.

Il faut que, de leur côté, les républicains ne croient pas
avoir un titre particulier au Gouvernement de la nation :
qu'ils acceptent le concours de tous, et qu'ils usent de l'influence que leurs sentiments démocratiques ont pu leur
donner sur les classes populaires, pour fixer à celles-ci les
limites du pouvoir que le suffrage universel leur donne.

Les classes populaires, qui ont plus de générosité dans le
cœur, et, dans l'esprit, plus d'intelligence des besoins et des
nécessités politiques qu'on ne pense, ne sont point réfrac-
taires à des conseils donnés dans ce sens. Elles acceptent
volontiers la direction de ceux qu'elles estiment plus éclairés
qu'elles : mais elles veulent de la sincérité ; et elles ne se
trompent pas sur les sentiments de ceux qui sollicitent
leurs suffrages. Elles savent distinguer les fausses protes-
tations et les fallacieuses promesses des dévouements véritables : elles aiment ceux qui les traitent avec honneur, en
leur disant la vérité.

Je ne conteste donc nullement que la démocratie soit
sujette à des entraînements qui lui sont propres, ni que le
régime républicain fondé sur le suffrage universel les favorise. Mais je me permets de faire remarquer aux sectateurs

les plus ardents de *l'ordre moral* que tous les régimes politiques offrent des dangers analogues ; et qu'eux-mêmes
peuvent se rendre coupables des maux qu'une société
démocratique peut déchaîner sur la patrie française, si au
lieu de seconder et de guider la marche de la démocratie,
ils l'entravent, et s'ils surexcitent, par leurs résistances,
les sentiments dont ils font profession de redouter l'explosion.

Quant à la prétention affichée ou secrète que peuvent
avoir certaines personnes d'être prédestinées au soin de
diriger les destinées de la nation, je me permettrai de leur
conseiller de faire leur examen de conscience avant de
déclarer le suffrage universel inhabile à cette fonction. J'ai
déjà eu l'occasion de dire que, depuis 80 ans, ce sont les
classes dirigeantes qui ont eu en main les affaires publiques :
et, au point où nous en sommes, dans l'état précaire de nos
affaires intérieures, sous l'humiliation de nos défaites, il
faut bien reconnaître qu'elles n'ont pas fait preuve d'une
supériorité dont elles aient précisément le droit de se targuer.
Elles ont laissé mettre en doute leur capacité politique ; il
n'est donc pas étonnant que d'autres classes revendiquent,
à leur tour, l'exercice, dans sa plénitude, de leurs droits
politiques, qu'elles trouvent proclamés dans les principes
incontestés de la révolution de 89.

Si d'ailleurs les hommes qui jusqu'à ce jour ont été en
possession des situations politiques et de l'influence qu'elles
donnent ont quelque sujet de crainte à cet égard, ils devraient
reconnaître, s'ils étaient justes, que ce sont eux qui ont
commencé la guerre. Ils ont affecté de tenir à l'écart les
noms nouveaux ; ils ont répudié leur concours ; ils ont renié
le 4 septembre et ses conséquences immédiates ; leurs amis
imprudents ont inauguré une politique *de combat ;* ils ont
dès lors soulevé contre leurs intentions toutes les défiances,
et ils recueillent ce qu'ils ont semé. Je souhaite très-vive-
ment que le parti républicain se montre plus sage et plus
conciliant qu'ils n'ont été ; et qu'il ne songe pas, à son tour,
à occuper seul la scène politique, sur laquelle il est d'un
intérêt réel que tous les éléments sociaux soient représentés.

Au surplus — et c'est par là que je termine cet ordre de
considérations — si les anciennes classes gouvernantes,
d'une part, si les nouvelles couches sociales, de l'autre, ne
savent pas ou ne peuvent pas trouver en elles l'esprit de
conciliation, de justice et de sagesse nécessaires pour
organiser la démocratie française en un gouvernement
d'ordre et de liberté, leur incapacité mutuelle ne changera

pas les conditions d'existence de la nation. Mais ce ne sera pas une Monarchie constitutionnelle ou représentative qui pourra réprimer leurs écarts, ni mettre fin à leurs luttes inévitables ; ce sera le césarisme qui rassurera, pour un temps, les intérêts compromis et effrayés. Les intérêts dominent la politique, et les intérêts seront heureux de trouver une sécurité momentanée sous la protection d'un régime compressif assouplissant toutes les libertés publiques et les velléités individuelles sous une servitude commune.

Cette prévision que je consigne ici, non sans tristesse, m'amène à la solution que nous proposent aujourd'hui les partis monarchistes.

VII.

La fusion est faite. Les deux branches de la maison de Bourbon ont oublié leurs anciens ressentiments. Les princes ont sacrifié leurs rancunes et leurs souvenirs à des intérêts que je ne me permets pas de rechercher. Leurs partisans, ennemis d'hier, alliés aujourd'hui, se sont mis la main dans la main, soit. Mais, lorsque les uns et les autres, au nom de l'ordre social et des intérêts supérieurs de la patrie, somment les hommes politiques de contresigner leur pacte, il est permis de se demander si, en effet, l'ordre moral et les intérêts du pays y sont convenablement sauvegardés. Tout s'efface devant la gravité des résolutions à prendre, sentiments personnels, tendances, intérêt privé, tout : il ne peut rester devant les yeux des représentants que l'image de la patrie, dont le sort, par un inestimable honneur, leur est momentanément livré.

Le cardinal de Retz raconte, dans ses Mémoires, qu'à un certain moment tout le parti de la Fronde et lui-même commirent une lourde faute, qui fut la principale cause du triomphe définitif de Mazarin ; et il ajoute : « Ce qui nous la » fit faire fut l'inclination naturelle que tous les hommes » ont à chercher plutôt le soulagement présent que ce qui » leur en doit faire un jour. » Cette erreur a été bien souvent celle de la France qui, maintes fois, pour échapper à un mal présent, s'est précipitée dans une solution immédiate sans en calculer ni même en prévoir tous les inconvénients. Fasse Dieu qu'aujourd'hui elle n'en commette pas une nouvelle !

Déjà, en 1851, les partis monarchistes, qui s'appelaient alors le grand parti de l'ordre, après avoir rempli les imaginations de la crainte de malheurs chimériques qu'ils prédisaient pour une échéance fixe, disposèrent tout le monde à devancer cette échéance fatale et furent les artisans véritables du coup d'État du 2 Décembre. De même, aujourd'hui, les mêmes partis ont essayé de détourner l'esprit public de s'attacher à la République, en usant de ce triste procédé de la peur ; et ils offrent comme un refuge contre les maux imaginaires qu'ils créent une restauration monarchique. C'est l'histoire renouvelée des spectres rouges et des sauveurs.

Quand on représente un prince parfaitement honnête et loyal, en qui on personnifie le droit national, remontant sur le trône de ses pères escorté d'une famille nombreuse, rétablissant dans leur belle ordonnance les pièces savamment combinées du gouvernement pondéré, et lorsqu'on montre la France vivant en paix et poursuivant ses destinées à l'aide de cet ingénieux mécanisme, pendant une suite indéfinie de rois se succédant les uns aux autres, l'imagination assombrie par les tristesses du passé, encore plus effrayée par les fantômes sortis à point nommé de la boîte aux spectres, se berce de ces récits, s'élance vers un avenir que l'on dépeint si beau, et jouit à l'avance de ce bonheur dans le repos que lui offre une perspective décevante. C'est le rêve, et ce rêve pourrait être suivi d'un beau jour : un cortége, de l'enthousiasme, un mot heureux — il se trouverait un Beugnot pour placer dans la bouche du roi quelque parole capable d'attendrir la France. Mais, le lendemain ! C'est devant le lendemain qu'il faut se placer, parce que c'est là qu'est la réalité ; et c'est la réalité seule que des hommes politiques doivent envisager.

Or la réalité, ce seraient, dans un très-court délai, un antagonisme effrayant entre les classes de la nation, des luttes politiques dans lesquelles la royauté se trouvant engagée devrait sacrifier les libertés, et, comme couronnement de ces luttes, une nouvelle révolution. Je ne crains pas de dire que, pour qui apprécie humainement les affaires humaines, telle serait l'histoire de la Restauration.

Je ne parle qu'au nom du bon sens vulgaire, et c'est à des hommes de bon sens que je m'adresse. Je ne discuterais certes pas ces questions avec les hommes qui se disent inspirés par Dieu lui-même et soutenus de sa main puissante dans l'œuvre de réaction qu'ils entreprennent. Je répète seulement ce que j'ai déjà eu l'occasion de dire, que je trouve hardi de se targuer d'un tel secours et de se persuader que la Providence travaille au succès des causes que l'on préfère. Pour moi, il est au moins douteux que le travail mystérieux de la Providence se fasse dans le sens qu'on lui trace ; et, en tous cas, je me résigne à me servir en politique des lumières que la raison me fournit, en me tenant seulement pour assuré du dicton populaire : Dieu pour tous !

VIII.

M. le comte de Chambord, à le juger par ce que l'on peut savoir de lui, est une âme ferme, un esprit arrêté et un homme convaincu. Il s'est fait sur toutes les questions que la politique soulève une opinion très-déterminée. Il a foi dans son droit ; il ne cédera rien à ce qu'il croit être des erreurs funestes ; il est pénétré de la croyance en un droit spécial, que Bossuet a formulé dans sa Politique tirée de l'Écriture sainte, dans le droit royal et dans le pouvoir très-réel qui en découle.

Ses conseillers intimes ont aussi sur ces matières des opinions particulières, appuyées sur des croyances religieuses et par conséquent inébranlables comme leur conscience. Enfin, le plus grand nombre des personnages qui auront travaillé à la restauration seconderont les dispositions du roi et de ses amis personnels, les uns par esprit de courtisanerie, les autres par intérêt, quelques-uns enfin par l'effet de convictions communes. Cela étant, le lendemain du rétablissement du trône, on aperçoit déjà la Révolution et la contre-Révolution en présence.

Ce n'est point une prophétie, c'est de l'histoire. Les choses ne se passèrent pas autrement lors de la Restauration de 1814 et de 1815 : et quelles différences cependant, à l'avantage des tentatives qui furent faites à cette époque ! Pas de partis constitués dans le pays : la nation fut unanime dans ses espérances et dans la joie que lui causa le retour de la famille royale ; nous le savons par les récits du temps, et, pour la plupart de nos contemporains, par leurs propres souvenirs. La Révolution de 89 n'avait point encore développé toutes ses conséquences : le suffrage universel était loin ; le peuple n'avait pas pris contre les classes supérieures les sentiments de défiance que de détestables tribuns lui ont inspirés, et que — il faut bien le dire — la mauvaise conduite des classes supérieures a souvent fait naître ou surexcités : la France entière, en un mot, même prise dans les sphères les plus libérales, ne demandait qu'à s'entendre et à faire un pacte durable avec ses rois. Qui pourrait dire que l'état présent soit le même ?

Au lieu de cette unanimité d'adhésion ou tout au moins de cette disposition si favorable, la royauté Bourbonnienne trouvera deux ennemis intraitables dans le parti républicain, rendu inexorable par la conduite des monarchistes, et dans le parti bonapartiste, qui n'ira pas abdiquer son rôle au moment où la diversion opérée par les royalistes lui rend toutes ses chances, et où le refus du concours des conservateurs peut causer la ruine de la République. Ce sont là des obstacles nouveaux, insurmontables, que la troisième Restauration rencontrera sur sa route. Mais, fussent-ils même écartés, elle ne tarderait pas à se créer à elle-même les difficultés que la première et la deuxième Restauration avaient déjà soulevées, et qui ne furent conjurées, pendant quelques années, que par l'esprit autrement souple et par la conscience plus accommodante, plus facile aux arrangements de Louis XVIII, que ne le serait celle de Henri V.

IX.

Pendant son long exil, loin de la terre de France, M. le comte de Chambord a nourri cette illusion d'être le père d'un peuple qui n'accepte pas d'autre autorité que celle qu'il crée, et le médecin d'une nation qui ne se croit nullement malade. Ses amis ont les mêmes soucis et les mêmes inclinations que lui; et tous ensemble sont persuadés qu'ils remplissent un devoir religieux en se mettant en mesure tout à la fois d'opérer et de régner. Il est inévitable que chacun des traitements ou, pour sortir du figuré, chacun des contacts du monde gouvernemental avec la nation sera l'occasion d'une souffrance. De la souffrance à l'irritation il n'y a pas loin, lorsque le patient croit que la souffrance qu'on lui inflige est inutile et injuste: et de la sorte, si vous vous imaginez la puissance de ce fameux *nombre* qui indispose si fort les coalisés, vous devinerez aisément ce qui pourra arriver.

Ni sur l'organisation sociale, ni sur les conceptions politiques, les idées ne seront communes entre les gouvernants et la nation. On peut pressentir dès lors un antagonisme effrayant entre des prétentions non justifiées et des compétitions ardentes ; et si le roi, désirant remplir le rôle de haut justicier, voulait tenir la balance égale entre les rivalités déchaînées autour de lui, ce serait son entourage immédiat, trompé dans ses espérances de domination exclusive, qui le renverserait. Que si, au contraire, il tendait à rétablir une hiérarchie sociale qui, d'ailleurs, est le corollaire obligé d'une Monarchie, il succomberait promptement devant la puissance du suffrage universel qui est l'arme invincible de la Démocratie.

« Le passé est le passé, » m'écrivait dernièrement une personne d'un esprit supérieur, « et c'est chaque jour de ce » passé qui nous a conduits où nous sommes. » Cette vérité s'applique non-seulement au pays mais au comte de Chambord lui-même. Ce sont les rois de France, et particulièrement les derniers, qui ont ruiné à l'avance les essais qui pouvaient être faits d'un régime constitutionnel, en supprimant les corps intermédiaires pour les subordonner à la couronne. Ce sont les rois de France qui ont fait de la nation une nation démocratique, et le dernier de leurs fils assiste à l'achèvement de leur œuvre. Ils ne croyaient pas, certes, travailler à la ruine de la Monarchie : ils l'ont fait cependant ; et M. le comte de Chambord, quelles que soient sa bonne volonté et l'énergie de sa conviction, ne pourrait reconstituer les éléments disparus d'un État monarchique.

En vain l'autorité royale s'affermirait-elle, et ayant foi en elle-même, essaierait-elle d'user des moyens d'action que la possession du pouvoir fournit et que ne manqueraient pas de lui conseiller des amis imprudents ou intéressés ; la souveraineté nationale est autrement forte, et elle briserait incessamment les liens fragiles avec lesquels on prétendrait l'enchaîner. On sait comment cela commence et comment cela finit. La lutte appelle la lutte ; la compression appelle la résistance ; et, un beau jour qui ne serait pas loin, la nation soulevée renverserait un trône qui lui paraîtrait un obstacle à la réalisation de ses idées les plus invétérées, et le dernier rempart de prétentions qui lui sont insupportables.

Il est un côté par lequel la Restauration nouvelle soulèverait des résistances et amènerait des malheurs plus graves encore, selon moi. Il est manifeste qu'un parti, se couvrant d'un faux zèle, aspire à associer la religion à l'œuvre de prétendue préservation sociale que l'on tente. Je l'ai déjà dit assez souvent pour qu'il soit inutile que j'insiste sur mes idées à ce sujet : nul plus que moi n'est pénétré de la sainteté de la religion et des bienfaits que j'en attends pour l'œuvre de pacification et de moralisation dont le pays, comme tous les pays du monde, a besoin. Je ne fais sous ce rapport, aucune différence entre la France et les autres nations ; le progrès de la perfection morale est la loi du genre humain, et la religion est la principale éducatrice des âmes. Mais aussi, nul plus que moi ne résiste à ce mélange impie que l'on voudrait faire de la religion et de la politique. Faire servir l'une aux intérêts de l'autre revient toujours à mettre la religion au service d'une faction. Je vois trop bien ce que la faction y gagne, mais je vois trop aussi ce que la religion y perd. Il ne me convient pas d'apprécier ici la politique que le clergé, dans les circonstances actuelles, paraît vouloir suivre : mais, cherchant à me rendre compte des dangers que cette association trop étroite peut entraîner pour la Monarchie Bourbonnienne, et des probabilités de durée de cette dernière, il m'est permis de dire qu'il y a là une cause d'impopularité et de ruine prochaine que cette Monarchie ne pourra pas éviter.

X.

M. le comte de Chambord a, sur les institutions politiques qu'il s'agit de fonder, des idées qui se rattachent à une conception générale sur les sociétés humaines. Le roi est le chef ; il a reçu une mission sacrée ; il est bien *l'évêque extérieur*. Ce système se tient dans toutes ses parties, il s'enchaîne ; il correspond à une façon particulière d'envisager les choses humaines, le rôle et l'état des nations. Dans ce système, la couronne a un pouvoir propre, imprescriptible, inaliénable, et la personne du roi est inviolable. Le roi est la personnification sacrée d'un droit supérieur. Il accorde à ses peuples, suivant le temps, tantôt le droit de remontrances par l'organe des Parlements, tantôt le droit de contrôle par l'organe d'une Chambre élective. Mais, de même que le trône est la source de toutes les grâces, il est le terme de tous les droits et l'origine de tous les pouvoirs. On comprend que l'homme qui se fait une telle idée du caractère dont sa naissance l'a revêtu, veuille le conserver intact dans sa personne, et qu'il repousse avec un certain dédain des conseils qui sont loin d'être inspirés par des pensées si hautes. — « *Je suis roi ainsi ou je ne suis rien, et » surtout je ne puis rien.* » — Tel est le sens de toutes les déclarations de M. le comte de Chambord (1). Il a raison de le dire, car il le pense ; et il a raison de le penser, car son système répond à une conception gouvernementale sérieuse, mais qui ne peut être efficace qu'à la condition de rester complète.

Les idées de M. le comte de Chambord ne sont partagées que par un très-petit nombre ; et ce petit nombre se tient comme lui dans une grande réserve. La plupart de ceux qui travaillent avec le plus d'ardeur au rétablissement du trône ont, sur les institutions politiques, des opinions très-différentes, et, pour quelques-uns, très-opposées. Le gros du parti se compose de ceux qui se nomment les *Parlementaires*. Les parlementaires ont un goût prononcé pour la fiction. A leurs yeux, le pouvoir royal est une fiction, adroitement dissimulée sous des hommages tout extérieurs ; et la représentation nationale est aussi une fiction habilement dissimulée sous un simulacre d'élections. A la faveur de ces voiles, un petit groupe choisi parmi les classes dirigeantes fait fonctionner, pour le plus grand bonheur du peuple, cet ingénieux mécanisme.

Je ne sais comment les deux fractions monarchistes pourront concilier ces deux systèmes, très-différents l'un de l'autre sinon contradictoires. Il ne paraît pas qu'on veuille à l'avance éludier et couler à fond ces questions qui pourraient jeter le désarroi dans la *ligue des gens de bien*. On aime mieux laisser dans le doute ces problèmes constitutionnels, chacun des partis se croyant sûr de maîtriser l'autre. Mais il est permis d'apprécier la valeur réelle de ces combinaisons.

(1) Cette appréciation concorde avec ce que les journaux racontent des conversations que M. le comte de Chambord aurait eues avec M. Lucien Brun, député de l'Ain, et dont on donne le sens général. M. le comte de Chambord aurait dit : « Je ne suis pas un candidat à la » royauté, mais un principe gouvernemental. Si la France veut le » gouvernement que je représente, et qui est le seul que je lui puisse » donner, alors je suis à sa disposition et je veux bien traiter avec » l'Assemblée de Versailles, qui est l'organe légal de la nation. Que » si, au contraire, on ne veut qu'une Monarchie de circonstance, » destinée à légaliser les courants révolutionnaires et à leur opposer » une digue temporaire que la première génération renversera, alors » il est inutile de m'appeler. Je sais bien que j'ai des principes impo- » pulaires : mais ces principes sont ma force, ma raison d'être, et je » ne puis pactiser au fond avec ce que je considère comme l'erreur, » comme la cause du désarroi de la France. »

La première, qui consiste à reconnaître dans le roi un pouvoir réel, supérieur à celui de la nation elle-même, est en contradiction formelle avec le principe de la souveraineté nationale, surtout dans un temps où la souveraineté nationale s'exerce incessamment par le moyen du suffrage universel. Dans le choc inévitable des deux principes, la royauté semble avoir la fragilité du pot de terre.

La seconde combinaison, qui consiste à reconstituer le *pays légal* et à rétablir ses frontières, est véritablement un peu puérile dans un État démocratique. Ce ne sont pas ces procédés de doctrinaires, ces rouages subtils, ces digues de carton qui peuvent contenir les mouvements parfois violents et toujours impétueux d'une Démocratie. On ne pourrait songer à faire l'essai de ce régime, renouvelé de 1830, qu'en modifiant si sensiblement la représentation nationale qu'elle n'existerait plus en fait, et qu'en supprimant, aux différents degrés des corps électifs, le suffrage universel. On l'a bien compris ainsi dans le camp des monarchistes : car on y a déjà entrepris la campagne de la réforme électorale, en cherchant à y introduire le principe de ce qu'on appelle la représentation des intérêts. J'admets que ces projets soient sérieux, mais ceux qui les inventent et qui les nourrissent ne le sont guères.

XI.

Pour moi, j'aperçois au bout de cette entreprise des crises incessantes, des luttes intestines plus vives que jamais, la désunion plus profonde, prenant le caractère particulièrement douloureux que lui donnent les guerres de classe à classe et les querelles religieuses; j'y vois surtout le pronostic de révolutions nouvelles. Et comment s'exposer à de telles éventualités? comment affronter ces aventures, lorsque toutes les forces de notre pays unies ensemble n'auraient pas été de trop pour le refaire et pour réparer ses désastres, lorsque des dangers de toutes sortes nous menacent, et que nous ne sommes plus en état peut-être de supporter de nouvelles commotions, sans y perdre ou compromettre à jamais le reste de nos ressources et de nos forces ! Que parlé-je d'avenir? C'est par une révolution qu'il faudra commencer : car n'est-ce pas une révolution que de renverser les institutions existantes dont M. le maréchal de Mac-Mahon s'est porté garant sur sa parole d'honnête homme et de soldat?

Pour mon compte, j'en laisse à d'autres la responsabilité. J'ai poursuivi de mes modestes efforts, joints à ceux de mes amis du centre gauche, l'œuvre qui me parait la seule possible ; l'œuvre de la reconstitution de la France avec des institutions conformes aux principes de 89, et qui permettent à tous de s'asseoir au large foyer de la patrie commune. A cette œuvre je resterai fidèle et j'adjure tous les bons citoyens de s'y associer.

Après le premier moment de trouble causé par quelques élections isolées, dont le caractère a pu inquiéter les hommes dévoués à la cause de l'ordre et de la liberté, l'immense majorité des Français qui travaillent, qui s'élèvent, qui ont le sentiment de leur dignité et qui ne sont engagés sous les drapeaux d'aucune faction, peuvent reconnaître où on prétend les entraîner, et voir s'il leur convient de servir de jouet dans les combinaisons intéressées des partis. Une ligue hardiment menée désigne à leur haine ou à leur mépris tel gouvernement sous lequel ils ont vu la France relevée de ses ruines et leur repos assuré, tels ou tels hommes appartenant à des partis que l'on calomnie ; je leur demande d'examiner les choses de près, de comparer, de juger les intentions et les actes de chacun, d'après les notions que leur fournira leur esprit de justice et leur bon sens naturel.

Que si, dans les bas-fonds de la Démocratie, se remuent des instincts dangereux et se fomentent des conjurations coupables, il faut sans doute s'armer de résolution pour repousser d'audacieuses attaques qui seraient dirigées contre la société : mais il convient aussi de porter ses regards sur d'autres points, et de se demander s'il ne se trame pas de ce côté des desseins funestes. Je ne nie pas le mal : il existe, et nos divisions l'aggravent ; mais les nations ont toujours été en butte à des périls qu'elles trouvent en elles. Le propre et l'honneur des nations libres est de s'en défendre elles-mêmes, et de ne pas se remettre de ce soin à de prétendus sauveurs qui ne les protégent même pas, mais qui, sous le prétexte de les défendre, confisquent le plus précieux de leurs biens, celui sans lequel tous les autres périssent, je veux dire leur liberté.

XII.

J'admets cependant que pendant les vacances parlementaires, on ait tout préparé pour le succès. L'accord est fait entre les princes: les dissidences politiques ont cessé: les signatures sont recueillies ; l'Assemblée nationale ouvre ses séances et, le 5 novembre, un député demande la proclamation de la Monarchie Bourbonnienne : il réclame même, si l'on veut, le simulacre d'une commission qui serait chargée de présenter le projet de semi-Constitution convenu à l'avance.

Que se passera-t-il alors ? Nul ne le pourrait dire. Quoi qu'il arrive du reste, la question s'élève de savoir si l'Assemblée a le droit de faire ce que je suppose, pour un moment, que la majorité voudrait faire. La question n'est pas oiseuse. Je sais bien qu'il y a parmi les coalisés des hommes que le vent qui souffle étourdit à ce point, qu'ils se refusent à voir les conséquences de l'acte qu'ils vont accomplir. Il y en a d'autres qui affichent un grand dédain pour le droit, et qui se contentent aisément d'une apparence de légalité. La probité politique, aux prises avec de violents désirs, est sujette à subir d'étranges atteintes.

Mais les hommes plus sérieux et qui ont gardé le sang-froid nécessaire voient bien qu'une Restauration fondée par une majorité minime n'aurait pas plus de chances de durée que la Charte *bâclée* de 1830, et qu'une œuvre décrétée à l'avance d'illégalité serait une œuvre mort-née. Ils doivent avoir à cœur d'établir le trône sur des bases inébranlables. On ne doit pas oublier d'ailleurs que l'on a besoin de M. le maréchal de Mac-Mahon pour appuyer, s'il le faut, par la force la décision qui serait prise : et on n'obtiendra vraisemblablement le concours du Président de la République, dont le caractère est jusqu'à ce jour incontesté, que pour une œuvre légale.

L'Assemblée nationale a-t-elle, dans les circonstances où nous sommes, le pouvoir nécessaire pour proclamer la Monarchie des Bourbons ; c'est ce qu'il faut avant tout savoir.

XIII.

Il y a des publicistes qui croient avoir tout dit quand ils ont déclaré que l'Assemblée s'est déclarée constituante. Ils en tirent la conséquence que l'Assemblée a le droit de tout faire ; comme si, par exemple, elle pouvait rétablir l'ancien régime dans son entier, s'il lui en prenait fantaisie. Les Assemblées, fussent-elles souveraines, subissent le joug de certaines règles, comme tous les pouvoirs humains, ne fussent que les règles du bon sens et celles qui ressortent de la nature des choses.

Lorsqu'on veut se rendre compte de l'étendue du mandat d'une Assemblée politique, il est impossible, sous peine de tomber dans l'absurde, de ne pas se référer à la volonté au moins présumée des mandants. Et, si le doute existe sur cette volonté, la loi politique universellement suivie dans tous les pays de représentation exige que l'on consulte la nation. C'est même dans cette prévision que dans toutes les Constitutions, y comprise celle des États-Unis, où le droit existe sous une autre forme et sous un autre nom, que l'on a, dis-je, introduit le procédé de la dissolution. A plus forte raison doit-on tenir un compte absolu de la volonté nationale quand il s'agit de doter un pays d'institutions définitives, dont la nature particulière est d'enchaîner à tout jamais les futures générations.

Si l'on veut bien appliquer cette règle à l'Assemblée élue le 8 février 1871, il faut se demander si, à cette date, la France avait en vue la restauration du trône de la branche aînée des Bourbons, avec les conséquences constitutionnelles que cette restauration entraîne. On peut dire, je crois avec assurance, que telle ne fut pas la préoccupation du suffrage universel.

Le suffrage universel donna alors à ses élus un mandat très-général, non défini, qui avait trait, d'une part, à la paix ou à la guerre ; et, d'autre part, à la réorganisation du pays dont l'état intérieur était lamentable. Qu'il ait eu la pensée intime que cette réorganisation se ferait avec des institutions républicaines, on peut le soutenir par des raisons très-fortes parmi lesquelles est celle-ci qui paraît déterminante : c'est que, à ce moment, la République existait, et qu'il n'apparaît pas que le suffrage universel ait eu la volonté de modifier cet état de choses. On pourrait en induire la preuve de ce fait : que la plupart des candidats notoirement connus pour leurs opinions royalistes, jugèrent à propos de déclarer qu'ils étaient tout au moins indifférents à la forme des institutions.

Mais depuis lors, cette volonté présumée du pays s'est affirmée d'une façon non douteuse par la grande majorité des élections qui ont eu lieu, soit pour composer les corps municipaux, soit pour former les Conseils généraux, soit pour compléter l'Assemblée nationale. Elle s'est exprimée non moins nettement dans diverses circonstances, lorsque le pays, presqu'universellement, applaudit aux déclarations faites dans ce sens par M. Thiers et par ses ministres, notamment par M. Dufaure et par M. de Goulard.

L'Assemblée a suivi ces indications de la volonté nationale en donnant aux institutions incomplètes qu'elle a créées la forme et le nom même de la République, de telle sorte que M. Thiers a pu dire, sans être contredit par personne, que la République était le gouvernement légal de la France ; et que M. Victor Lefranc, au moment même où l'Assemblée, d'une voix unanime, confiait le pouvoir à M. Thiers, disait : « De ce double effort de la conscience est » résultée l'opinion que rien ne devait être changé au texte » même de la proposition, et que l'expression de son vrai » sens devait trouver sa place, non-seulement dans le » rapport, mais encore dans un considérant faisant corps » avec le décret. Cette explication n'est autre chose que » l'affirmation incontestable du droit souverain de la nation » et de l'Assemblée qui la représente, à statuer sur les » institutions de la France, mise à côté de *l'affirmation d'un* » *fait non moins incontestable, l'existence du gouvernement* » *de la République française...* » Est-ce que quelqu'un alors a réclamé contre cette affirmation? Personne.

La République repose donc sur la volonté présumée du pays et sur des lois positives : sur celle que rapportait M. Victor Lefranc à Bordeaux, dans les termes que je viens de rappeler, et qui portait : « *M. Thiers est nommé chef du* » *pouvoir exécutif de la République française ;* » — sur la loi du 31 août 1871 qui donnait à M. Thiers le titre de Président de la République française et qui lui conférait les pouvoirs déterminés dans la Constitution de 1848.

Telle est la force de cet état légal, que la journée du 24 mai organisée contre la République n'a pu le modifier, et que M. le maréchal de Mac-Mahon, en prenant possession du fauteuil de la présidence déclara qu'il « ne serait porté » aucune atteinte aux institutions ni aux lois existantes. » La République est donc instituée, provisoirement il est vrai, mais il n'en reste pas moins que, pour lui substituer un autre régime, il faut être assuré que la France le désire, car c'est la France qui, par sa représentation régulière, l'a organisée telle qu'elle est aujourd'hui.

Peut-on, maintenant, de ce seul fait que les deux chefs des branches de la maison de Bourbon se sont rapprochés, induire que la volonté de la France a suivi les pensées intimes des deux princes, et qu'elle consent à la restauration qui consacrerait leur union? La présomption est tout-à-fait contraire. En admettant que les électeurs qui ont envoyé à l'Assemblée des députés orléanistes aient eu l'intention de leur donner le mandat de rétablir le trône de Juillet, qui peut prétendre que ces mêmes électeurs aient eu la volonté de rétablir le trône des Bourbons de la branche aînée? Ne voit-on pas qu'il y a contradiction entre leur intention première et celle qu'on leur supposerait aujourd'hui fort gratuitement? Ce fait considérable de la fusion des deux branches ne pouvait entrer dans leurs prévisions; et il est permis de supposer que, s'ils l'avaient pu connaître, ils auraient choisi d'autres mandataires, car on admettra que tous les orléanistes ne sont pas ralliés à la cause légitimiste, et que tous ne sont pas disposés à tenir pour non avenus les faits historiques qui se sont accomplis en 1830. Ils ne sont pas tous à ce point dénués de gratitude et de mémoire.

Pour réaliser les projets fomentés par la droite et par le centre droit de l'Assemblée, il faudrait donc substituer à l'état légal du pays, fondé sur sa volonté présumée, un état de choses nouveau et contraire; c'est-à-dire, je le répète, qu'il faudrait faire une révolution. Et cette révolution hardie ne pourrait être menée à bien que par un véritable coup d'État parlementaire, puisque l'Assemblée n'a pas, en réalité, reçu le mandat d'imposer au pays cet établissement politique.

La conclusion de ce qui précède s'impose à tout esprit de bonne foi. Puisque l'Assemblée nationale ne veut pas ou ne peut pas consolider par un établissement définitif le provisoire qu'elle a provisoirement institué, elle se trouve dans l'obligation de se dissoudre afin que le pays consulté fasse connaître sa volonté. La majorité de l'Assemblée, composée des deux partis républicain et bonapartiste, quoique ces deux partis diffèrent entre eux sur le mode à employer, est acquise au principe de la consultation du pays : les partis monarchistes ne peuvent honnêtement s'y refuser.

XIV.

Je ne veux pas dissimuler que telle n'eût pas été la solution de mon choix. Il m'eût semblé plus sage que l'Assemblée actuelle organisât le gouvernement républicain, avant de se séparer; et qu'il ne fût procédé à de nouvelles élections que pour mettre en œuvre les institutions établies à titre définitif.

Le temps n'est plus d'en donner toutes les raisons. Je n'en veux présenter qu'une, qui me paraît dominante à ce point que, même encore aujourd'hui, quoique des événements presque fatals aient donné aux choses un autre cours, j'hésite à croire qu'il soit bon d'abandonner cette solution. Cette raison la voici : c'est que l'état provisoire est mauvais pour tout pays, mais qu'il est mortel chez un peuple divisé en partis comme est le nôtre, parce qu'il favorise les compétitions, qu'il entretient la discorde et qu'il ravive toutes les causes de dissentiments sinon de haines qui nous tuent. Or les Constituantes sont encore du provisoire.

Les Constituantes préparent l'avenir : c'est-à-dire qu'elles laissent le pays dans l'inconnu jusqu'au jour où il leur convient de lui faire connaître ce qu'elles ont imaginé pour son bonheur. En attendant, le pays s'accommode comme il peut de l'incertitude qui pèse sur lui, c'est-à-dire qu'il ne s'en accommode pas du tout. Elles ont encore un autre sort, qui est de tout ébranler et de tout renverser sous prétexte d'établir sur leurs bases les nouvelles institutions. Elles prétendent tout améliorer, tout remettre à neuf ; elles sont grosses de projets, de paroles et de vent ; et elles n'ont pas l'avantage d'avoir une certaine durée pendant laquelle le pays pourrait se reposer des fatigues qu'elles lui imposent. Aussitôt qu'elles ont fait, comme on dit, leur œuvre, elles se croient tenues de se retirer, pour laisser la place libre aux institutions qu'elles viennent de créer.

Remettre à une Assemblée nouvelle le soin de fonder un gouvernement, c'est ouvrir le champ aux imaginations des théoriciens et la lice aux luttes des partis. Pendant les élections, s'élaborent les programmes : on se lie à des doctrines, on se range sous des drapeaux de couleurs différentes. Avant même d'être réunis, les constituants ont abdiqué le droit de se concerter entre eux sur ce qu'il convient le mieux de faire pour le bien public. La lutte électorale les a déjà divisés avant qu'ils s'assemblent ; et la discorde pénètre dans la salle des séances à la suite des opinions blessées par la défaite ou exaltées par le triomphe. Les discussions engagées sur les hauteurs du droit public leur font perdre de vue les intérêts vulgaires du pays : et celui-ci se demande s'il est fait pour servir d'enjeu dans toutes ces disputes auxquelles il entend peu de choses, et qui loin de profiter à son bonheur, le troublent.

Sortir du provisoire au plus vite est la première des nécessités politiques qui s'imposent à ceux qui ont la charge et la responsabilité des affaires du pays. La France serait cruellement déçue si, croyant échapper aux agitations des trois dernières années, espérant, par des élections destinées à faire fonctionner un gouvernement établi, s'assurer un avenir de paix et de tranquillité, elle se voyait, au bout de peu de temps, retombée dans les mêmes perplexités, en proie aux mêmes inquiétudes, replacée en face de l'inconnu, et livrée de nouveau aux chances de victoire d'un parti sur un autre parti.

Ce n'est pas à dire qu'il eût fallu faire une œuvre constitutive complète, à laquelle il n'y aurait plus rien à ajouter. Il aurait fallu que l'Assemblée s'en tînt au nécessaire. Il n'est aucun homme raisonnable qui puisse croire que l'on pourrait, du premier coup et d'un seul jet, organiser en perfection le gouvernement de la République. Ce n'est que peu à peu, et par des expériences successives, non par improvisation, que l'on pourra adapter complétement les institutions nouvelles à la forme moderne de la société française. Le régime républicain est fondé sur le système électif à tous les degrés : il s'agit d'accommoder ce système aux mœurs, aux habitudes, aux traditions du pays, aux besoins du temps présent et aux exigences de l'avenir. Le premier souci des ouvriers de cette œuvre difficile doit être de ne rien compromettre ; et ils compromettraient tout s'ils instituaient des règles heurtant les mœurs du pays ou contrariant ses besoins actuels à un degré suffisant pour soulever des résistances capables de rendre l'établissement nouveau impossible. Le reste est affaire au temps, si nécessaire en toute chose.

Il y a près d'un siècle que l'essai dure, et les adversaires des principes de la révolution en triomphent. Mais les royalistes ont mauvaise grâce à se rire des efforts jusqu'à présent infructueux des partisans de la République. Jusqu'à ce jour, les essais de régimes constitutionnels n'ont pas mieux réussi entre leurs mains; et si les tentatives de République ont échoué, ce sont encore eux qui ont fait tout ce qu'il fallait pour cela : de sorte qu'on pourrait leur dire qu'ils ont la main malheureuse dans toutes les œuvres politiques auxquelles ils touchent. Lorsque surtout ils comparent les difficultés du temps présent à l'âge d'or de la Monarchie, ils font preuve ou d'une mémoire courte ou d'une grande ignorance. Il leur est commode de ne pas tenir compte des phases par lesquelles la Monarchie a passé. A quel moment peuvent-ils dire que l'œuvre de la Monarchie ait été parfaite ? Il n'est pas de règnes, durant cette longue succession de rois, pendant lesquels la Monarchie n'ait fait quelque progrès nouveau, jusqu'aux temps marqués pour sa fin, où les éléments qui lui sont propres et sans lesquels elle ne saurait vivre : c'est-à-dire des classes intermédiaires, une législation civile à privilèges, la foi universelle dans son principe, lui faisant défaut, elle a peu à peu glissé sur la pente des siècles, et en quelque sorte, disparu au sein de la Démocratie française.

Ce que réclament les circonstances, c'est un minimum d'institutions, les quelques lois organiques indispensables pour créer les divers pouvoirs exécutif et législatif ; et immédiatement après cette constitution faite, procéder à des élections qui mettraient en mouvement les divers organes du gouvernement. Certes l'Assemblée s'était donné une tâche plus importante ; elle n'a eu en vue rien moins que de remanier et de refondre toutes les institutions administratives ou politiques du pays. Son intention était louable, et il peut être pénible à des hommes sincères d'abandonner une mission si belle. Ils se consoleront par cette réflexion qu'ils ne sont pas les premiers qui aient dû délaisser la tâche commencée de régénérer le pays. C'est la noble ambition des générations successives, et leur œuvre n'est jamais finie. Il y a bientôt quinze siècles qu'on y travaille sur la terre de France : et c'est par ce labeur obstiné, douloureux parfois, parfois glorieux, que la nation, quoique mutilée, se trouve encore à la tête des sociétés qui ont accompli sur elle les plus grands progrès.

<h2 style="text-align:center">XV.</h2>

Cette solution était celle que conseillait M. Thiers. Il la conseillait à l'Assemblée, dans l'intérêt même des principes conservateurs qu'on l'accuse aujourd'hui d'avoir sacrifiés. Il l'avait dit souvent aux membres de la droite — Vous êtes dites-vous des conservateurs, comme je le suis moi-même. Profitez donc de l'événement qui vous a nanti du pouvoir constituant et qui vous a réunis en nombre suffisant pour fonder des institutions qui vous donnent des garanties pour l'avenir. Vous ne pouvez pas savoir quels seront vos successeurs : emparez-vous du présent, et organisez le gouvernement de la manière qui vous paraîtra la meilleure : mais je vous le prédis, vous ne pourrez l'organiser vous-mêmes qu'à la condition d'en accepter le principe.

Ce langage si sensé n'a point été entendu. On se livrait à d'autres combinaisons dont le secret nous est aujourd'hui dévoilé : et c'est en poursuivant le succès de ces combinaisons dont la trame est si faible, que l'on nous replace tous dans le domaine des aventures. On nous permettra de nous en plaindre. Quoiqu'il en soit, en admettant que les monarchistes par suite de circonstances nullement improbables renoncent à leurs projets, pourrait-on reprendre le plan de M. Thiers, et faire voter par l'Assemblée les lois organiques déposées sur son bureau ? Je le voudrais, je l'avoue, plus que je ne l'espère. Il me parait difficile après que les événements ont mis dans leur pleine lumière les intentions de la droite, après les partis pris, les engagements conclus, et surtout avec l'esprit de parti qui domine visiblement tous ses membres, il me parait difficile, dis-je, de demander à l'Assemblée nationale de constituer le gouvernement de la République. Cette Assemblée se séparera donc sans avoir rien fondé, sans avoir préparé l'avenir, et aura mérité le reproche grave de n'avoir pas rempli jusqu'au bout la mission que la France lui avait confiée.

XVI.

Les circonstances actuelles de la politique font du recours aux élections générales une obligation absolue pour l'Assemblée. Mais alors même qu'une nécessité de cet ordre ne pèserait pas sur elle, il n'est pas un de ses membres qui ne doive en éprouver un vif désir. Lorsqu'en effet on est engagé dans un parti, on peut se tromper soi-même. Il se forme autour d'une assemblée politique une atmosphère particulière : c'est comme un monde à part qui se meut dans une région où chacun prend son rang, et par une illusion naturelle aux hommes, perd de vue les opinions de la planète pour rapporter tout à soi. C'est par cette raison qu'il est nécessaire que les corps politiques se retrempent de temps à autre dans l'esprit public. Jamais, on peut le dire, cette nécessité ne fut plus urgente que dans le temps où nous sommes. Où en est la France aujourd'hui ? Dans quelle région politique se meut-elle ? Vers quelle sphère se dirige-t-elle ? Il faut le lui demander, puisqu'il n'est aucun parti qui ose nier qu'elle soit maîtresse de ses destinées.

Deux procédés de consultation sont possibles : l'appel au peuple ou des élections générales.

L'appel au peuple est devenu le programme presque unique d'un parti, le parti Bonapartiste. Ce programme lui suffit, et, en effet, il compte bien en faire découler toutes les conséquences qui lui conviennent. Mais c'est précisément en cela que le procédé qu'il recommande est vicieux et contraire à la vérité des principes.

L'appel au peuple ne peut se poser que sur une question simple, à laquelle la nation doit répondre par un oui ou par un non. Or, le propre des questions politiques est d'être complexes, et c'est pourquoi ce procédé est essentiellement mensonger. Il ne suffit pas de demander à la nation si elle entend être gouvernée par un Bonaparte ou par un Bourbon, ou si elle préfère se gouverner elle-même. Le gouvernement des Bonapartes ou des Bourbons emporte avec eux des conséquences qui leur sont propres : avec l'un, il faut s'attendre à voir rétablir la Constitution de 1852, le régime compressif au sujet de la presse et de la liberté parlementaire, la prédominance de la force, l'esprit de conquête, et depuis Sedan surtout, la nécessité d'une revanche à courte échéance contre la Prusse. Avec l'autre, on peut prévoir le retour d'un système politique en désaccord avec l'esprit d'égalité et de liberté qui fait la puissance des principes de 89 ; on peut redouter des tendances qui nous entraîneraient dans des luttes religieuses soutenues même par les armes, et qui nous jetteraient dans des aventures militaires redoutables. Tous ces problèmes sont contenus dans une question unique, et le peuple, par la réponse qu'il est appelé à y faire, ne saurait les résoudre.

Ce qui donc paraît juste au premier aperçu : demander à la nation sous quel gouvernement elle veut vivre — est absolument faux ; car la nation ne peut le dire. Mais elle peut élire des mandataires qu'elle charge de stipuler pour elle dans le sens qu'elle préfère. La nation ne peut faire une Constitution, mais elle peut charger ses délégués de la faire pour elle, en lui prescrivant d'adopter un système qui a ses préférences sur les autres systèmes proposés à son choix.

Il ne suffit pas, pour préférer un procédé de consultation à tel autre procédé, de dire ni de penser que le procédé adopté est plus favorable qu'un autre à nos désirs : il peut se faire que l'appel au peuple donne à tel ou tel parti des chances de succès plus grandes. Des hommes politiques ont surtout à se préoccuper de la vérité et des principes du droit public. Or, s'il est une vérité certaine en politique, c'est que l'appel au peuple est un procédé primitif, qui remonte par son origine, en France du moins, aux plus mauvais jours de la révolution, et n'a jamais servi qu'à faire ratifier des usurpations et des coups de force pratiqués contre les libertés publiques. S'il est un principe certain, c'est que la représentation nationale est le mode perfectionné de gouvernement des nations modernes. Aux sociétés rudimentaires, aux peuples en état de convulsion comme était la France sous le régime de la Convention, peuvent convenir ces procédés grossiers de gouvernement qui consistent à consulter directement le peuple sur des questions qu'il ne peut résoudre. De telles pratiques équivoques et essentiellement mensongères peuvent servir la violence ou la ruse : elles ne sauraient, sans un grand danger pour la nation, être employées par des hommes politiques soucieux des intérêts présents et de l'avenir de leur pays.

Avec le procédé des élections générales, personne n'a le droit de se plaindre. Chaque parti peut offrir sa liste de candidats en l'accompagnant du programme qui donne à leurs noms leur signification politique. Le pays choisit alors en connaissance de cause, non-seulement un régime particulier, mais encore des hommes capables de stipuler pour lui et en son nom les meilleures conditions dans lesquelles ce régime sera établi. Vouloir autre chose c'est spéculer sur la crédulité publique, et proposer à la nation une énigme, à laquelle on se réserve de donner une explication et des développements conformes à des intérêts dynastiques et à des passions de parti auxquels la nation n'entend rien accorder de pareil.

Le seul mode de consultation qui soit digne de l'Assemblée qui l'offrira et de la France à qui on devra le proposer, est le mode des élections générales. Le pays, en éveil depuis si longtemps sur les destinées qu'on lui prépare et sur ses intérêts véritables, saura bien faire connaître sa volonté. Fasse Dieu qu'il n'exagère pas ses propres impressions et que, dans le désir qu'il doit avoir de faire respecter ses intentions il ne délègue pas, pour les réaliser, des hommes trop passionnés et incapables de garder les tempéraments sans lesquels aucune solution politique n'est complète ni durable !

Flers, Imp. Folloppe.